AF377437

DES ANCIENS PEUPLES DE L'HISPANIE

(EXTRAIT)

PAR

M. LE DOCTEUR GUSTAVE LAGNEAU.

EXTRAIT DES COMPTES RENDUS

DE L'ACADÉMIE DES INSCRIPTIONS ET BELLES-LETTRES.

PARIS.

IMPRIMERIE NATIONALE.

M DCCC LXXXI.

DES ANCIENS PEUPLES DE L'HISPANIE.

(EXTRAIT.)

Depuis quelques années, les peuples de l'Hispanie ont été l'objet d'études plus ou moins spéciales. M. d'Arbois de Jubainville a attiré l'attention sur les Ibères et les Ligures[1], M. Alfred Maury sur les Ligures[2], M. Tubino sur les Berbers et divers autres éléments ethniques de la péninsule[3].

Je désire exposer l'ethnogénie de l'Hispanie, ainsi qu'elle me paraît pouvoir se déduire des données historiques.

ATLANTES.

La plupart des ethnographes, Bory de Saint-Vincent[4], Roget de Belloguet[5], MM. de Quatrefages et Hamy[6], M. d'Arbois de Jubainville, M. Tubino, M. Levasseur et M. Henri Martin[7], s'accordent à attribuer une origine africaine à un des principaux éléments ethniques de la péninsule. La parenté d'une ancienne strate ethnique de l'Hispanie avec les habitants du nord-ouest de l'Afrique paraît très vraisemblable, car, dans les deux con-

---

[1] D'Arbois de Jubainville, *Les Liguses* (*Revue d'archéol.*, oct.-nov.-déc. 1875, p. 211, 309, 373, etc.). — *Les premiers habitants de l'Europe*, Paris, 1877.

[2] Alfred Maury, *Les Ligures* (*Comptes rendus de l'Académie des inscriptions*, 4e série, t. V, p. 143, 207-221, 1877).

[3] Francisco Tubino, *Los Aborigenes Ibericos o los Bereberes en la Peninsula*, Madrid, 1876. — *Rech. d'anthropologie sociale* (*Revue d'anthropol.*, t. VI, p. 100, etc., 1877).

[4] Bory de Saint-Vincent, *L'homme*, t. Ier, p. 174, 1827.

[5] Roget, baron de Belloguet, *Ethnogénie gauloise*, p. 310, n° 9, 1861, Paris.

[6] De Quatrefages et Hamy, *Crania ethnica*, p. 96, et *Bull. de la Soc. d'anthrop.*, 2e série, t. VII, p. 493, 1872, et t. IX, p. 260-266, 1874.

[7] Levasseur, Henri Martin, *Comptes rendus de l'Académie des sciences morales*, nouv. sér., t. XV, p. 278 et 533, 1881.

trées, on trouve le même type dolichocéphale auquel il semble permis de donner, avec Bory de Saint-Vincent, MM. de Quatrefages et Hamy, la dénomination d'*Atlantes*. En effet, la présence des Atlantes ou Atarantes dans le nord-ouest de l'Afrique est attestée par de nombreux historiens et géographes de l'antiquité, entre autres par Hérodote[1], Diodore de Sicile[2], Pomponius Méla[3], Denys de Mitylène, qui parle de la race atlantique comme étant la plus puissante de la Libye, c'est-à-dire de l'Afrique[4]. Or, en Hispanie comme en Mauritanie, l'histoire montre des homonymies remarquables. Si Ptolémée signale la présence en Afrique des Κινιθιοί, des Βακουᾶται, des Οὐακουᾶται, des Τολῶται, des Σαλάσσιοι; en Europe, on trouve des Κύνηται, Κύνητες, *Cunetes*, mentionnés par Hérodote, Hérodore et Justin, dans la Bétique auprès de Tartesse; on sait qu'il existe des Vaccéens, des Basques, des Tolosates, des Salasses, Σαλασσοί, dans la péninsule, dans notre pays, dans les Alpes[5].

IBÈRES.

A ces Atlantes du nord-ouest de l'Afrique et de l'Hispanie,

[1] Ἀπὸ δὲ Γαραμάντων δι' ἄλλων δέκα ἡμερέων ὁδοῦ ἄλλος. ἁλός τε κολωνὸς καὶ ὕδωρ..., ἐσ7ι Ἀτάραντες. (Hérodote, l. IV, § CLXXXIV, p. 234, éd. de Müller, coll. Didot.)

[2] Ἀτλάντιοι τοὺς ϖαρὰ τὸν ὠκεανὸν τόπους κατοικοῦντες. (Diodore de Sicile, l. III, § 56, p. 168. Voir aussi § 55, p. 167.)

[3] «Deinde late vacat regio, perpetuo tractu inhabitabilis. Tum primos ab oriente Garamantes, post Augilas et Troglodytas, et ultimos ad occasum Atlantes audimus.» (Pomponius Méla, l. I, c. IV, p. 22-23. Voir aussi c. VIII, p. 32-33.)

[4] ...Τὸ Ἀτλαντικὸν ἔθνος, ὃ ἦν δυνατώτατον τῶν τῆς Λιβύης. (Denys de Mitylène, *Argonautique* [*Historicorum græcorum fragmenta*, t. II, p. 9, fragm. 9, coll. Didot].)

[5] Ptolémée, *Geogr.*, l. IV, c. I-III, p. 251, 256, 260; texte et trad. lat. de Wilberg. — Hérodote, l. II, c. XXXIII, p. 83, et l. IV, c. XLIX, p. 198, texte et trad. lat. de Müller, coll. Didot. — Hérodore d'Héraclée, fragm. 20, extr. de Const. Porphyr., *Hist. græc. fragmenta*, t. II, p. 34, coll. Didot. — Justin, texte et trad. de Ch. Nisard, l. LXIV, c. IV, p. 552.

à ce très ancien *substratum* ethnique dolichocéphale, d'origine africaine, doit-on rattacher les Ibères? Les Ibères doivent-ils être considérés comme des Atlantes africains devenus péninsulaires? Leur répartition géographique ne semble guère en rapport avec cette provenance africaine.

Je ne reviendrai pas ici sur la parenté pouvant exister entre les Ibères occidentaux et les Ibères asiatiques qu'Abydène, cité par Eusèbe [1] et Moïse de Khoren, l'historien de l'Arménie [2], croyait avoir été transportés de la péninsule à l'orient du Pont par Nabuchodonosor II, roi de Babylone, Ninive et Tyr, au commencement du vi[e] siècle avant J. C.

Après avoir rappelé que certain passage de Pline parle d'Eschyle plaçant en Ibérie l'Éridan qu'il confond avec le Rhône [3], on peut remarquer que Festus Avienus indique le Rhône comme limite séparative entre les Ibères et les Ligyes ou Ligures [4]. Pareillement Strabon dit que les anciens appelaient Ibérie toute la région située au delà, c'est-à-dire à l'ouest du Rhône, entre les deux golfes gaulois, entre l'Océan et la Méditerranée [5].

---

[1] « ...In Libyam atque Iberiam magnis copiis expeditionem suscepit : quibus regionibus debellatis, incolarum partem in Ponti dexteram oram transtulit. » (Abydène : *De Nabuchodonosoro* [apud Eusebium Arm., p. 26, éd. Mai]; *Hist. græcor. fragm.*, t. IV, p. 283, fragm. 8, coll. Didot.)

[2] « ...Ut Abydenus scriptum reliquit ita dicens : «Potens ille Nabuchodono-«sorus Herculem Libycum vi superabat. Exercitu coacto, in Iberorum regionem «venit, et profligatam oppressamque in ditionem suam redegit, et partem quan-«dam populi ad dextram maris Pontici abduxit collocavitque. » (Moses Chorenens., II, c. vii, p. 95 [*Hist. græc. fragm.*, t. IV, p. 284, fragm. 10, coll. Didot].)

[3] «Nam quod Æschylus in Iberia, hoc est in Hispania, Eridanum esse dixit, eumdemque appellari Rhodanum.» (Pline, *Hist. nat.*, l. XXXVII, c. xi, p. 542 du tome II, texte et trad. de Littré.)

[4] ...Hujus (Rhodani) alveo
Ibera tellus atque Ligyes asperi
Intersecantur.

(Festus Avienus, *Oræ maritimæ*, vers 609-611, p. 138-140, texte et trad. de Despois et Saviot.)

[5] Ἐπεὶ καὶ Ἰβηρίαν ὑπὸ μὲν τῶν προτέρων καλεῖσθαι πᾶσαν τὴν ἔξω τοῦ Ῥω-

Aussi Scymnos de Chio dit-il que les Phocéens, fondateurs de Marseille, possédaient en Ibérie *Rhodanousia,* ville existant alors à l'embouchure du Rhône, et *Agatha,* actuellement Agde [1].

Plus tard, les Ligures paraissent avoir franchi le Rhône en se portant de l'est à l'ouest, car Scylax de Caryande dit que les Ligures et les Ibères mêlés habitaient cette région située entre le Rhône et l'Ibérie [2]. Plutarque, dans la Vie de Paul-Émile, indique également que les Ligustins, les Ligures se trouvent mêlés aux Galates et aux Ibères [3].

Enfin, bien que certaines peuplades ibériennes paraissent être restées au nord des Pyrénées, du temps de Strabon, cette chaîne de montagnes était considérée comme la limite de l'Ibérie. Le géographe d'Amasée, après avoir dit qu'on emploie indifféremment les noms d'Ibérie ou d'Hispanie, semble remarquer qu'antérieurement ce nom d'Ibérie était donné seulement à la région située en dedans, c'est-à-dire au nord-est de l'Èbre, entre ce fleuve et les Pyrénées, mais qu'anciennement les habitants de cette région peu étendue s'appelaient eux-mêmes Iglètes, ainsi que le disait Asclépiade de Myrlée, lettré turdétan qui décrivit les peuples de ces contrées [4]. Tel

δανοῦ καὶ τοῦ ἰσθμοῦ τοῦ ὑπὸ τῶν Γαλατικῶν κόλπων σφιγγομένου... (Strabon, l. III, c. iv, § 19, p. 138, Müller et Dübner, coll. Didot.)

[1] ....Μεθ' οὓς ἐλθόντες εἰς Ἰϐηρίαν

Οἱ Μασσαλίαν κτίσαντες ἔσχον Φωκαεῖς

Ἀγάθην Ῥοδανουσίαν τε, Ῥοδανὸς ἦν μέγας

Ποταμὸς ϖαραῤῥεῖ.

(Scymnos de Chio, *Orbis descriptio,* vers 206-209 [*Geogr. græc. min.,* t. Ier, p. 204, coll. Didot].)

[2] Λίγυες καὶ Ἰϐηρες. Ἀπὸ δὲ Ἰϐήρων ἔχονται Λίγυες καὶ Ἰϐηρες μιγάδες μέχρι ϖοταμοῦ Ῥοδάνου. (Scylax, *Périple,* § 3 [*Geogr. græc. min.,* t. Ier, p. 17, coll. Didot].)

[3] (Λίγυες) ...νέμονται μεμιγμένοι Γαλάταις καὶ τοῖς ϖαραλίοις Ἰϐήρων. (Plutarque, *Vie de Paul-Emile,* t. Ier, § vi, p. 308, texte et trad. lat. de Dœhner, coll. Didot.)

[4] ...Οἱ δὲ νῦν ὅριον αὐτῆς (Ἰϐηρίας) τίθενται τὴν Πυρήνην, συνωνύμως τε τὴν αὐτὴν Ἰϐηρίαν λέγουσι καὶ Ἰσπανίαν· μόνην ἐκάλουν τὴν ἐντὸς τοῦ Ἰϐηρος·

paraît être le sens que la plupart des hellénistes, depuis André Schott[1] jusqu'à MM. Kramer, Müller, Dübner et Amédée Tardieu, paraissent avoir donné à ce passage de Strabon. Toutefois une ancienne leçon de ce passage donnée par Casaubon pourrait faire croire que, bien que les deux dénominations d'Ibérie et d'Hispanie aient été synonymes, celle d'Hispanie, contrairement, aurait seule été donnée à une certaine époque à la région située au nord-est de l'Èbre[2]. Ce passage de Strabon, rapproché d'un autre texte de Festus Avienus, qui, dans une énumération des peuples du littoral péninsulaire, indique successivement le territoire hispanique, le riche pays des Ibères, celui de Tartesse, etc.[3], pourrait faire penser que le littoral nord-est, anciennement habité par les Iglètes, aurait été occupé à une autre époque par les Hispaniens.

Plus tard, les Ibères, bien que s'étant successivement étendus du Rhône à l'Èbre, se seraient fixés au sud de ce fleuve, dans la région où Strabon, suivant cette même édition annotée par Casaubon, indique leur présence auprès des sources du Tage et de l'Anas[4]. Contrairement, dans les édi-

---

οἱ δ' ἔτι πρότερον αὐτοὺς τούτους Ἰγλῆτας, οὐ πολλὴν χώραν νεμομένους, ὥς φησιν Ἀσκληπιάδης ὁ Μυρλεανός. «Nunc eam (Iberiam) Pyrena terminant, vocantque eandem et Iberiam et Hispaniam nominibus idem significantibus : (*priores autem Iberiam*) solam vocabant eam quæ est intra Iberum. His quoque, qui sunt priores, eosdem Igletas vocabant, regionis cultores non amplæ, ut ait Asclepiades Myrleanus.» (Strabon, l. III, c. iv, § 19, p. 138, Müller et Dübner, coll. Didot. Voir aussi t. Iᵉʳ, p. 258, éd. Gust. Kramer, 1844, et t. Iᵉʳ, p. 273, trad. française d'Amédée Tardieu, 1867.)

[1] ...Τὴν αὐτὴν Ἰβηρίαν λέγουσιν καὶ Ἰσπανίαν· οἱ δ' Ἰβηρίαν μόνην ἐκάλουν. (Note 5 d'après Schott, *Obs. human.*, l. III, c. xxxv; dans Strabon, t. Iᵉʳ, p. 252, édition de Casaubon, Amstelodami, Wolters, 1707, 2 vol. in-fol.)

[2] .....Τὴν αὐτὴν Ἰβηρίαν λέγουσι, καὶ Ἰσπανίαν μόνην ἐκάλουν ἢ ἐντὸς τοῦ Ἰβηρός. (Strabon, cum notis Casauboni; Wolters, 1707, t. Iᵉʳ, l. III, p. 252.)

[3] Festus Avienus, *Descriptio orbis terræ*, v. 479-482 (passage plus loin rapporté).

[4] ...Ὅ τε Ἄνας φέρεται, καὶ ὁ Τάγος ...... ἢ ἀρχὴν ἔχοντες ἐκ τῆς Ἰβηρίας. (*Strabonis Geographia cum notis Casauboni*, l. III, p. 245 du tome Iᵉʳ.)

tions plus récentes de Strabon, MM. Kramer, Müller et Dübner, Meineke ont remplacé Ἰβηρίας par la glose [Κελτ]ιβηρίας, en mettant toutefois la syllabe Κελτ entre parenthèses pour témoigner de l'addition qu'ils ont cru géographiquement motivée [1].

Strabon, par un autre passage, semble encore rappeler le temps où les Ibères se distinguaient des autres peuples habitant le nord-ouest et le centre de la péninsule. En effet, suivant la leçon donnée par les deux manuscrits n°[os] 1395 et 1396 de la Grande Bibliothèque et par l'édition annotée par Casaubon, Strabon remarquerait que les Callaïques, habitants de la Galice, étaient, du côté de l'orient, limités, d'une part, par les Astures, habitants des Asturies, d'autre part, par les Ibères, tandis que les Carpétans, les Vettons et les Vaccéens étaient voisins des Celtibères [2]. Ce passage différencie les Ibères, non seulement des Callaïques, des Astures, des Carpétans, des Vettons et des Vaccéens, mais aussi des Celtibères, comme si, après la conquête de l'Hispanie par les Celtes, les Ibères du nord-est avaient su maintenir leur indépendance, avaient su éviter de s'allier aux immigrés, qui, dans le centre de la péninsule, avaient concouru à la formation des Celtibères. Contrairement à Casaubon, contrairement à ceux qui ont écrit ces manuscrits, MM. Kramer, Aug. Meineke, Müller et Dübner, dans les éditions récentes de Strabon, en

---

[1] ...Τὴν ἀρχὴν ἔχοντες ἐκ τῆς [Κελτ]ιβηρίας. (Strabon, l. III, c. IV, § 12, p. 134, Müller et Dübner, coll. Didot. Voir aussi t. Ier, p. 251, éd. Gustave Kramer, Berlin, 1844, et Βιϐ. Γ, p. 220, éd. Auguste Meineke, *Bibliotheca Teubneriana*.)

[2] Ὅμοροι δ' εἰσὶν ἐκ τοῦ πρὸς ἕω μέρους, οἱ μὲν Καλλαϊκοὶ τῷ τῶν Ἀστούρων ἔθνει καὶ τοῖς Ἴβηρσιν, οἱ δ' ἄλλοι (Καρπητανοὶ, Οὐέττωνες, Οὐακκαῖοι) τοῖς Κελτίβηρσι. (Strabon, *Geogr.*, t. I, l. III, p. 228, cum notis Casauboni, 1707.) Voir également le manuscrit mcccxcv, feuillet 49 r°, paraissant avoir servi à l'édition publiée à Venise par les Aldes en 1516, et le manuscrit mcccxvi, Βιϐ. Γ, feuillet 56 v°, vraisemblablement du xv° siècle, fonds grec, t. II, p. 314 du Catalogue de la Bibliothèque royale.

ajoutant entre parenthèses la particule Κελτ au mot Ἴϐηρσιν [1], n'ont pas tenu compte d'une époque à laquelle les Ibères et les Celtibères formaient encore deux peuples voisins, mais distincts.

Cette distinction des Ibères et des Celtibères trouve un nouveau témoignage dans le passage de Polybe, qui, à propos de Sagonte, Ζάκανθα, remarque que cette ville célèbre, située à mille pas de la mer, se trouvait sur les confins de l'Ibérie et de la Celtibérie [2]. D'ailleurs, jusqu'à la fin du Ier siècle avant notre ère, au temps de Diodore de Sicile, les Ibères ne paraissent pas avoir été confondus avec les Celtibères [3].

Du rapprochement des documents précédemment réunis, il semble résulter que, d'abord, les Ibères, limités vers l'ouest par les Astures, les Callaïques, les Vettons et les Carpétans, auraient occupé la région nord-est de la péninsule, non seulement le bassin de l'Èbre, mais aussi les hauts bassins du Tage et de l'Anas, et qu'ensuite, après l'invasion des Celtes, ils se seraient trouvés limités vers l'ouest par les Vaccéens, habitants des environs de Palentia, qu'Appien regarde comme une autre nation de Celtibères, et vers le midi par les Celtibères eux-mêmes, la frontière se trouvant au sud-est près de Sagonte, actuellement Murviedro, c'est-à-dire approximativement à la limite actuelle des provinces de Valence et de Castellon.

La détermination de cette limite séparative des Ibères et des Celtibères ne permet pas d'établir jusqu'où vers le midi s'étendaient les Ibères avant l'invasion celtique. Toutefois Thucy-

---

[1] . . .Καὶ τοῖς [Κελτ]ίϐηρσιν, οἱ δ' ἄλλοι τοῖς Κελτίϐηρσι. (Strabon, Γ, p. 206; Aug. Meineke, *Bibliotheca Tubneriana.* Voir aussi l. III, c. III, S 3, p. 126, Müller et Dübner, coll. Didot, et p. 236, éd. Gust. Kramer, Berlin, 1844.)

[2] . . .Τὰ ϖέρατα τῆς Ἰϐηρίας καὶ Κελτιϐηρίας. (Polybe, l. III, S XVII, n° 3, p. 130, coll. Didot.)

[3] Ἡμεῖς δὲ ἐπεὶ τὰ κατὰ τοὺς Γαλάτας καὶ τοὺς Κελτίϐηρας, ἔτι δ' Ἴϐηρας διήλθομεν... (Diodore, l. V, S XXXIX, t. Ier, p. 278, Dindorf et Müller, coll. Didot.)

dide [1], Philiste de Syracuse, Diodore de Sicile [2], Denys d'Halicarnasse [3] disent que les Sicanes étaient des Ibères qui, chassés par les Ligures des bords du Sicanus, étaient venus se fixer en Trinacrie, dès lors appelée Sicanie, plus tard appelée Sicile lorsque les Sicules y furent venus quatre-vingts ans ou trois générations avant le sac de Troie. A ces Ibères-Sicanes, Hécatée [4] et Festus Avienus [5] donnent la ville de Sicana, située sur les bords du Sicanus, affluent du Tyrius, qui se jette à la mer près du Sucron. A supposer qu'à une époque reculée, bien antérieure à la guerre de Troie, ils aient habité, au sud de l'Èbre, les bords du Sucron ou Xucar, comme le pensent M. d'Avezac [6] et M. Alfred Maury [7], nombre de siècles plus tard, au ve siècle avant notre ère, à l'époque d'Hérodote, les Ibères n'occupaient vraisemblablement pas encore le midi de la péninsule, car la dénomination d'Ibères n'était pas encore appliquée aux habitants

[1] Σικανοὶ... Ἴϐηρες ὄντες, καὶ ἀπὸ τοῦ Σικανοῦ ποταμοῦ τοῦ ἐν Ἰϐηρίᾳ ὑπὸ Λιγύων ἀναστάντες. (Thucydide, l. VI, § 11, p. 244, texte et trad. lat. Haassius, coll. Didot.)

[2] Φίλιστος μὲν γάρ φησιν ἐξ Ἰϐηρίας αὐτοὺς ἀποικισθέντας κατοικῆσαι τὴν νῆσον, ἀπό τινος Σικανοῦ ποταμοῦ κατ' Ἰϐηρίαν ὄντος. (Diodore de Sicile, l. V, § VI, t. Ier, p. 257; Dindorf et Müller, coll. Didot.)

[3] ...Σικανοὶ, γένος Ἰϐηρίκον οὐ πολλῷ πρότερον ἐνοικισάμενοι Λίγυας φεύγοντες. (Denys d'Halicarnasse, l. A, § XXII, p. 26 du tome Ier, éd. Ad. Kiessling, Lipsiæ, 1860.)

[4] Σικάνη, πόλις Ἰϐηρίας, ὡς Ἑκ. Εὐρ. (Hécatée, fragm. 15 rapporté par Étienne de Byzance, *Histor. græcor. fragm.*, t. Ier, p. 2, coll. Didot.)

[5]
. . . .
Usque ad Sicani præfluentes alveum
. . . .
Adtollit inde se Sicana civitas
Propinquo ab amni sic vocata Ibericis
Neque longe ab hujus fluminis divortio
Præstringit amnis Tyrius oppidum Tyrin.
(Festus Avienus, *Oræ maritim.*, p. 130-132, texte et trad. de Despois.)

[6] D'Avezac, *Examen critique de l'Étude sur l'origine des Basques* de F. Bladé, p. 14, extr. de la *Revue critique d'hist. et de littér.*, mars 1870.

[7] Alfred Maury, *loc. cit.*, p. 212.

de Tartesse. Hérodote, en parlant des découvertes des Phocéens, a bien soin de distinguer l'Ibérie du pays de Tartesse[1]. Pareillement, Scymnos de Chio[2], Denys le Périégète[3], Priscianus[4] et Festus Avienus[5] paraissent différencier complètement les Ibères des Tartessiens.

Il est vrai qu'Hérodore d'Héraclée remarque que la race ibérique présente différents noms de nations; que les habitants de l'extrémité occidentale (ou plutôt sud-ouest) s'appellent Cynètes; que vers le nord sont les Glètes, et que successivement les Tartessiens, les Elbusiniens, les Mastiéniens et les Calpianiens s'étendent jusqu'au Rhône[6]. Sans nullement

---

[1] Φωκαιέες... τὴν Τυρσηνίην καὶ τὴν Ἰβηρίην καὶ τὸν Ταρτησὸν οὗτοι εἰσὶ οἱ καταδέξαντες. (Hérodote, *Hist.*, l. I, c. CLXIII, p. 54, coll. Didot.)

[2] ....Ἑξῆς δ' ὡς λόγος,
Ταρτήσσιοι κατέχουσιν · εἶτ' Ἴβηρες οἱ
Προσεχεῖς.

> (Scymnos de Chio, *Orbis descriptio*, vers 197-199
> [*Geogr. græc. min.*, t. Ier, p. 203, coll. Didot].)

[3] Ἀλλ' ἤτοι πυμάτη μὲν ἀγαυῶν ἐσliν Ἰβήρων

....

............τῆς δ' ὑπένερθεν
Ταρτησὸς χαρίεσσα...

> (Denys le Périégète, vers 234-237 [*Geogr. græc. min.*,
> t. II, p. 122, coll. Didot].)

[4] Sed tamen Oceanum contingit Iberia tellus
· Occiduum.....

.................................et alta
Tartessus...

> (Priscianus, *Périégèse*, d'après Denys le Périégète,
> p. 193, coll. Didot.)

[5] Hic Hispanus ager, tellus ibi dives Iberum
Tartessusque super sustollitur,...

> (Festus Avienus, *Descriptio orbis terræ*, v. 479-480,
> d'après Denys le Périégète, p. 181, coll. Didot.)

[6] Τὸ δὲ Ἰβηρικὸν γένος τοῦτο, ὅπερ φημὶ οἰκεῖν τὰ παράλια τοῦ διάπλου, διώρισlαι ὀνόμασιν ἕν γένος ἐὸν κατὰ φῦλα. Πρῶτον μὲν οἱ ἐπὶ τοῖς ἐσχάτοις οἰκοῦντες τὰ πρὸς δυσμέων Κύνητες ὀνομάζονται, ἀπ' ἐκείνων δὲ ἤδη πρὸς Βορέαν ἰόντι Γλῆτες, μετὰ δὲ Ταρτήσιοι, μετὰ δὲ Ἐλβυσίνιοι, μετὰ δὲ Μασliηνοὶ, μετὰ δὲ Καλπιανοὶ, ἔπειτα δὲ ἤδη ὁ Ῥοδανός. (Hérodore d'Héraclée, fragm. 20,

méconnaître l'importance de ce texte, il me semble seulement
témoigner qu'Hérodore ignorait qu'antérieurement une des
nations péninsulaires, s'étendant le long de la mer intérieure[1],
avait spécialement porté le nom d'Ibères et était longtemps
restée distincte des nations voisines, ainsi que s'accordent à
le reconnaître Hérodote, Scymnos de Chio, Denys le Périégète, Festus Avienus et Priscianus. Bien que Polybe donne le
nom d'Ibérie à toute la région baignée par la mer intérieure
que Pline[2] et Ptolémée[3] appellent *mer ibérique,* cet historien
remarque que le littoral extérieur, le littoral océanique, ne
porte pas le même nom[4].

D'ailleurs, la distinction existant entre les Ibères et les habitants du midi de la péninsule est attestée non seulement par
ces divers auteurs, qui en parlent comme de peuples séparés,
mais aussi par certaines différences linguistiques qui subsis-
taient encore alors que tous les peuples péninsulaires étaient
déjà depuis longtemps confondus sous la dénomination commune d'Ibères. En effet, Strabon, qui rappelle, d'après Polybe, que les Turdétans, anciens habitants du midi de la péninsule, passaient pour les plus instruits des Ibères, qu'ils
avaient des caractères graphiques, des écrits sur l'histoire ancienne, des vers, des lois rhythmées depuis six mille ans,

extr. de Constantin Porphyr., *De admin. imp.*, c. xxiii [*Histor. græc. fragm.*,
t. II, p. 34, coll. Didot].)

       [1] ...Iberi in usque, Pyrenæ jugum
       Jus protulere; propter interius mare
       Late locati.

             (Festus Avienus, *Oræ maritimæ*, texte et trad.
                de Despois et Saviot, p. 130-132.)

  [2] «...Iberico a mare...» (Pline, *Hist. nat.*, l. III, § ii, p. 154 du tome Ier,
trad. de Littré.)

  [3] Τῷ δὲ Ἰβηρικῷ πελάγει κατὰ τὴν ἐντὸς θάλασσαν. (Ptolémée, *Geogr.*, l. II,
c. iii, p. 110.)

  [4] Καλεῖται δὲ τὸ μὲν παρὰ τὴν καθ᾽ ἡμᾶς παρῆκον ἕως Ἡρακλείων στηλῶν,
Ἰβηρία· τὸ δὲ παρὰ τὴν ἔξω καὶ μεγάλην προσαγορευομένην, κοινὴν μὲν ὀνομα-
σίαν οὐκ ἔχει. (Polybe, l. III, c. xxxvii, p. 143.)

ajoute que les autres Ibères ne se servaient pas des mêmes caractères, car ils n'avaient pas la même langue[1].

L'histoire semble donc avoir gardé le souvenir de la distinction ethnique ayant existé entre les Ibères et les autres peuples de l'Hispanie, bien que la dénomination commune d'Ibères ait été appliquée à une époque déjà ancienne par Hérodore, Strabon[2] et la plupart des auteurs à tous les habitants du pays s'étendant des Pyrénées aux colonnes d'Hercule.

Anciennement, la présence des Ibères au nord de l'Èbre et, plus tard, l'application de leur nom à tous les peuples s'étendant jusqu'aux colonnes d'Hercule expliquent comment l'empereur Constantin Porphyrogénète rappelle qu'Apollodore parlait de deux Ibéries péninsulaires[3]. Cette dualité motiva sans doute la division de l'Hispanie en Ibérie citérieure et Ibérie ultérieure.

A propos des Ibères de la péninsule, on peut rappeler que, dans la région sud-ouest de notre pays, entre la Garonne et les Pyrénées, les Aquitains, suivant Strabon, différaient des autres habitants des Gaules et se rapprochaient des Ibères par leur langue et par leurs caractères physiques[4].

---

[1] Σοφώτατοι δ' ἐξετάζονται τῶν Ἰϐήρων οὗτοι, καὶ γραμματικῇ χρῶνται, καὶ τῆς παλαιᾶς μνήμης ἔχουσι συγγράμματα καὶ ποιήματα καὶ νόμους ἐμμέτρους ἑξακισχιλίων ἐτῶν, ὥς φασι· καὶ οἱ ἄλλοι δ' Ἴϐηρες χρῶνται γραμματικῇ, οὐ μιᾷ (δ')ἰδέᾳ, οὐδὲ γὰρ γλώτ7η μιᾷ. (Strabon, l. III, c. I, § 6, p. 115.) Depuis la lecture à l'Académie de ce mémoire sur les anciens peuples de l'Hispanie, M. Cartailhac, le jeudi 21 avril 1881, disait à la Société d'anthropologie que, de fouilles pratiquées dans le midi du Portugal, il aurait été extrait des inscriptions en caractères complètement différents des caractères dits ibériens ou celtibériens.

[2] Λοιπὴ δ' ἐσ7ι τῆς Ἰϐηρίας ἥ τε ἀπὸ Στηλῶν μέχρι τῆς Πυρήνης... (Strabon, l. III, c. iv, § 1, p. 29.)

[3] Ἰϐηρίαι δύο, ἡ μὲν πρὸς ταῖς Ἡρακλείαις σ7ήλαις, ἀπὸ Ἴϐηρος ποταμοῦ, οὗ μέμνηται Ἀπολλόδωρος ἐν τῇ περὶ γῆς Β'. (Constantin Porphyr., *De admin. imp.*, c. xxiii, fragm. 20 d'Hérodore d'Héraclée [*Histor. græcor. fragm.*, t. II, p. 34, coll. Didot].)

[4] Τοὺς μὲν Ἀκυΐτανοὺς τελέως ἐξηλλαγμένους οὐ τῇ γλώτ7η μόνον, ἀλλὰ καὶ

LIGURES.

Après avoir parlé brièvement des Atlantes africains du sud et de l'ouest de la péninsule, longuement des Ibères du nord et de l'est, il sera inutile d'insister ici sur les Ligures, dont M. d'Arbois de Jubainville, M. Alfred Maury et moi-même avons fait des études spéciales [1]. Je ne m'arrêterai pas aux Ligures de l'Italie et des Gaules, à leurs nombreuses tribus s'étendant principalement de la Macra vers l'est au Rhône vers l'ouest, ainsi que l'indiquent Scylax [2], Florus [3] et maints autres auteurs. S'étant avancés au delà de ce fleuve jusque sur les bords de l'*Attagus*, l'Aude, les Éléziks, qu'Hécatée dit être de race ligure [4], avaient pour capitale Narbonne, selon Festus Avienus [5].

Si, dans le midi de notre pays, de même qu'en Asie, les Ligures des bords de l'Attagus se trouvaient à proximité des Bébrykes, montagnards des Pyrénées et collines septentrionales

τοῖς σώμασιν, ἐμφερεῖς Ἴβηρσι μᾶλλον ἢ Γαλάταις. (Strabon, l. IV, c. 1, § 1, p. 146.)—Οἱ Ἀκουιτανοὶ διαφέρουσι τοῦ Γαλατικοῦ φύλου κατά τε τᾶς τῶν σωμάτων κατασκευὰς καὶ κατὰ τὴν γλῶτ1αν, ἐοίκασι δὲ μᾶλλον Ἴβηρσιν. (Strabon, l. IV, c. ii, § 1, p. 157.)

[1] D'Arbois de Jubainville, *Revue d'archéol.*, 1875. — Alfred Maury, *Comptes rendus de l'Acad. des inscript.*, 1877. — Lagneau, *Mém. de la Soc. d'anthrop.*, 2ᵉ sér., t. Iᵉʳ, p. 261, etc.

[2] Ἀπὸ Ῥοδανοῦ ποταμοῦ ἔχονται Λίγυες... (Scylax de Caryande, *Périple*, § 4 [*Geogr. græc. min.*, t. Iᵒʳ, p. 17, coll. Didot].)

[3] «Ligures imis Alpium jugis adhærentes, inter Varum et Macram flumen...» (Florus, l. I, c. xviii, *Bellum Liguricum*, p. 27, C. Halm., *Bibliotheca Tubneriana.*)

[4] Ἐλίσυκοι, ἔθνος Λιγύων· Ἑκ. Εὐρ. (Hécatée, fragm. 20, ap. Étienne de Byzance [*Hist. græc. fragm.*, t. Iᵉʳ, p. 2, coll. Didot].)

[5] .... Gens Elezikum prius
Loca hæc tenebat, atque Narbo civitas
Erat ferocis maximum regni caput.
Hic salsum in æquor amnis Attagus ruit.

(Festus Avienus, Oræ maritimæ, vers 585-589,
p. 138, Despois et Saviot.)

adjacentes, ainsi que l'indiquent Scymnos de Chio [1], Silius Italicus [2], Dion Cocceianus [3] et Tzetzès [4], pareillement, sur la côte orientale de l'Hispanie, les Ligures, vainqueurs des Sicanes, devaient être à peu de distance d'autres Bébrykes que Festus Avienus signale auprès du Tyrius [5].

Peu éloignés des Ibères, des Bébrykes et des Matiéniens en Asie, voisins des Ibères et des Bébrykes dans le midi de la Gaule, voisins des Ibères et des Bébrykes dans la région orientale de l'Hispanie, les Ligures étaient encore à peu de distance des Ibères et des Mastiéniens dans la partie méridionale de la péninsule. En effet, si plusieurs auteurs anciens, entre autres Hérodore [6], Polybe [7], parlent des Mastiéniens habitant

[1] . . . . Εἶτ' Ἴϐηρες οἱ
Προσεχεῖς. Ἐπάνω τούτων δὲ κεῖνται τῶν τόπων
Βέϐρυκες· Ἔπειτα παραθαλάτϯιοι κάτω
Λίγυες ἔχονται καὶ πόλεις Ἑλληνίδες
Ἃς Μασσαλιῶται Φωκαεῖς ἀπῴκισαν.
(Scymnos de Chio, vers 199-203 [Geogr. græc. min.,
t. Iᵉʳ, p. 203-204, coll. Didot].)

[2] Jamque per et colles, et densos abiete lucos
Behryciæ Pœnus fines transcenderat aulæ. . .
' (Silius Italicus, Puniques, l. III, vers 443-444, texte et trad.
de Corpet et Dubois, Panckoucke.)

[3] Δίων δὲ ὁ Κοκκειανὸς τοὺς Ναρϐωνησίους Βέϐρυκας λέγει... (Dion Cassius, l. I-XXXVI, § CLⱯXV, t. Iᵉʳ, p. 286, texte et trad. de Gros, 1855.)

[4] Τῶν πάλαι μὲν Βεϐρύκων, νῦν δὲ Ναρϐωνησίων ἐσϯὶ τὸ Πυρηναῖον ὄρος. (Tzetzès, Scholie de Lycophron, t. II, p. 665, vers 516, Gottfried Müller.)

[5] Præstringit amnis Tyrius oppidum Tyrin.
At qua recedit ab salo tellus procul,
Dumosa late terga regio porrigit.
Bebryces illic, gens agrestis et ferox,
Pecorum frequentes inter errabant greges.
(Festus Avienus, Oræ maritimæ, p. 132, texte et trad.
de Despois et Saviot, Panckoucke.)

[6] Hérodore d'Héraclée, fragm. 20, extr. de Constantin Porphyr., De adm. imp., c. XXIII (Hist. græc. fragm., t. II, p. 34, coll. Didot); passage précédemment rapporté.

[7] Μασϯιανοὶ . . . ὀρεῖται Ἴϐηρες. (Polybe, l. III, § XXXIII, nᵒ 9, p. 140, coll. Didot.)

dans les montagnes à l'est des Tartessiens, Festus Avienus [1], Étienne de Byzance [2] signalent la présence des Ligures à l'ouest, non loin de la ville de Tartesse, sur les bords du fleuve Tartesse et du lac appelé *Ligustique*. Leur ville aurait porté le nom de Ligustine.

CELTES.

Sans permettre de fixer la date de la transmigration ou plus vraisemblablement des transmigrations successives des Celtes du nord au sud des Pyrénées, de nombreux auteurs, à propos des Celtibères, parlent, soit de leur arrivée, soit de leur immixtion avec les Ibères. Homère, Strabon [3], Diodore de Sicile [4], Martial [5], Lucain [6], Appien [7] nous montrent dans notre Occident les Celtes franchissant les Pyrénées, combattant longtemps les Ibères et finissant par s'entendre avec eux

[1] ....Sed insulam (Gaddir)
Tartessus amnis, ex Ligustico lacu
Per aperta fusus, undique adlapsu ligat.
(Festus Avienus, Orœ maritimœ, l. c., p. 120.)

[2] Λιγυσ7ίνη, πόλις Λιγύων, τῆς δυτικῆς Ἰ6ηρίας ἐγγὺς, καὶ τῆς Ταρτησσοῦ πλησίον· οἱ οἰκοῦντες Λίγυες καλοῦνται. (Étienne de Byzance, t. Ier, p. 416, Meineke.)

[3] Ὡς Ὅμηρος, ὕσ7ερον δὲ καὶ τῶν πρὸς ἑσπέραν γνωσθέντων Κελτοὶ καὶ Ἴ6ηρες ἢ μικτῶς Κελτί6ηρες. (Strabon, l. I, c. ii, § 27, p. 27.)

[4] Οὗτοι γὰρ τὸ παλαιὸν περὶ τῆς χώρας ἀλλήλοις διαπολεμήσαντες οἵ τε Ἴ6ηρες καὶ οἱ Κελτοὶ ... ἔτι δ' ἐπιγαμίας πρὸς ἀλλήλους συνθέμενοι, διὰ τὴν ἐπιμιξίαν ταύτης ἔτυχον τῆς προσηγορίας. (Diodore de Sicile, l. V, c. xxxiii, p. 274, coll. Didot.)

[5] «Nos, Celtis genitos et ex Hiberis.» (Martial, *Épigr.*, l. IV, épig. lv, p. 96; éd. Schneidewin, *Bibliotheca Teubneriana*, Lipsiæ.)

[6] ....profugique a gente vetusta
Gallorum Celtæ miscentes nomen Iberis.
(Lucain, La Pharsale, chant IV, vers 9-10, texte et
trad. d'Hauréau, p. 64, coll. Nisard.)

[7] Πλὴν ὅτι Κελτοί μοι δοκοῦσι ποτὲ, τὴν Πυρήνην ὑπερ6άντες, αὐτοῖς συνοικῆσαι· ὅθεν ἄρα καὶ τὸ Κελτι6ήρων ὄνομα ἐῤῥύη. (Appien, *De rebus Hispaniensibus*, l. VI, § ii, p. 34, coll. Didot.)

pour occuper conjointement le pays, s'allier par mariages et unir leurs noms. Parmi les nombreux auteurs qui parlent des Celtibères, Strabon montre la Celtibérie occupant, au sud des monts Idubèdes, actuellement la Sierra d'Oca, la vaste région où le Tage et l'Anas prennent leurs sources[1]. Dans l'intérieur, au centre de la péninsule, plusieurs autres peuples paraissent avoir également eu une origine plus ou moins celtique. Appien semble reconnaître la parenté des Celtibères avec les Vaccéens habitant à l'ouest[2]. L'origine celtique des Bérons, habitant au nord ou plutôt au nord-ouest des Celtibères et au sud-est des Cantabres Cosniques, est attestée par Strabon[3]. Les Celtiques que ce géographe dit habiter la région comprise entre la Tage et l'Anas[4], ces Celtiques, voisins de la Lusitanie, que Pline dit relever de la juridiction d'Hispalis, actuellement Séville, auraient été des Celtibères, ainsi que le révélaient leurs rites religieux, leur langue et les noms de leurs villes[5]. De ces Celtiques dépendaient sans doute les Mirobrigiens, surnommés Celtiques, que Pline place au sud-ouest de la péninsule, près des Elbocoriens, vraisemblablement les anciens habitants d'Évora[6]. Ptolémée, qui mentionne également des Celtiques dans

---

[1] Ὑπερβαλλόντι δὲ τὴν Ἰδουβέδαν ἡ Κελτιβηρία παραχρῆμα πολλή... διὰ γὰρ καὶ τούτων ὅ τε Ἄνας φέρεται καὶ ὁ Τάγος καὶ οἱ ἐφεξῆς ποταμοί. (Strabon, l. III, cap. IV, § 12, p. 134.)

[2] ...Οὐακκαίους, ἕτερον γένος Κελτιβήρων. (Appien, *De rebus Hispaniensibus*, l. VI, c. LI, p. 53, coll. Didot.)

[3] Οἰκοῦσι δ' ἐκ μὲν τῶν πρὸς ἄρκτον μερῶν τοῖς Κελτίβηρσι Βήρωνες, Καντάβροις ὅμοροι τοῖς Κονίσκοις, καὶ αὐτοὶ τοῦ Κελτικοῦ στόλου γεγονότες. (Strabon, l. III, c. IV, § 12, p. 134.)

[4] ...Τὴν μεσοποταμίαν ἀφορίζων, ἣν Κελτικοὶ νέμονται τὸ πλέον. (Strabon, l. III, c. I, § 6, p. 115, coll. Didot.)

[5] «Celticos qui Lusitanicam attingunt Hispalensis conventus : Turdulos... Celticos a Celtiberis ex Lusitania advenisse manifestum est : sacris, lingua, oppidorum vocabulis.» (Pline, *Hist. nat.*, l. III, c. III, t. Ier, p. 156, texte et trad. de Littré.)

[6] «Elbocorii, ... Mirobrigenses, qui Celtici cognominantur.» (Pline, l. IV, c. xxxv, t. Ier, p. 206.)

la Bétique[1], donne la ville de Μιρόϐριγα aux Celtiques qui habitaient dans l'intérieur des terres, en Lusitanie[2].

Les Turdétans, qui habitaient au sud des Celtiques, possédaient cette ville d'Ἴσπαλις et, au temps de Ptolémée, occupaient le promontoire sacré[3], selon Polybe et Strabon auraient été de même race que ces Celtiques[4].

Au nord ou plutôt au nord-est des Turdétans, autour de leur capitale Κορδύϐη, Cordoue[5], habitaient les Turdules, aussi appelés Bardules, suivant Pline[6]. Distincts à l'époque de Polybe, les Turdules et les Turdétans n'auraient plus fait qu'un seul et même peuple à l'époque de Strabon, moins de deux siècles plus tard[7].

Outre ces Celtiques, ces Turdules du midi, d'autres Celtiques habitaient dans la région occidentale de la péninsule. Pline, qui place à la suite des peuples celtiques les Vettons, anciens habitants des bords du Tage[8], possesseurs de Σαλμάντικα, Salamanque[9], ainsi que Pomponius Méla, donnent le nom d'anciens Turdules, *Turduli veteres*, aux Turdules qui habitaient au nord de la Lusitanie, au sud de l'embouchure du

---

[1] Βαιτικῶν Κελτικῶν. (Ptolémée, l. II, c. iii, p. 114, texte et trad. de Wilberg.)

[2] Τὰ δ' ἐνδοτέρω τούτων Κελτικοὶ, ἐν οἶς αἱ ἐν τῇ Λουσιτανιᾷ πόλεις... Μιρόϐριγα. (Ptolémée, l. II, c. iv, p. 116.)

[3] Κατέχουσι δὲ τὰ μὲν περὶ τὰ Ἱερὸν ἀκρωτήριον Τουρδητανοί. (Ptolémée, l. II, c. iv, p. 115.)

[4] ..... τοῖς Τουρδητανοῖς· καὶ τοῖς Κελτικοῖς δὲ διὰ τὴν γειτνίασιν [ἢ], ὡς εἴρηκε Πολύϐιος, διὰ τὴν συγγένειαν... (Strabon, l. III, c. iii, §15, p. 125.)

[5] Ptolémée, l. III, c. iii, p. 112.

[6] «Turdulique Barduli (cognominantur).» (Pline, *Hist. nat.*, l. IV, § xxxv, p. 206.)

[7] Πολύϐιος, συνοίκους φήσας τοῖς Τουρδητανοῖς πρὸς ἄρκτον τοὺς Τουρδούλους· νυνὶ δ' ἐν αὐτοῖς οὐδεὶς φαίνεται διορισμός. (Strabon, l. III, c. i, § 6, p. 115.)

[8] «Gentes Celtici, Turduli et circa Tagum Vettones.» (Pline, l. IV, § xxxv, p. 205, texte et trad. de Littré.)

[9] Ptolémée, l. II, c. iv, p. 117, texte et trad. de Wilberg.

Durius[1], le Douro, qui les séparait des Bracares, dont le nom est resté à Braga[2]. D'ailleurs, de nombreuses tribus celtiques s'étaient fixées dans cette région du littoral atlantique. Non seulement Pomponius Méla signale encore des Celtiques au voisinage du Douro[3], mais Pline mentionne également les Celtiques Præsamarques et les Celtiques Nériens, qui habitaient au nord-ouest de la péninsule auprès du cap Νέριον ou *Celticum*[4], actuellement Finistère. A la suite des Præsamarques et des Nériens, Pomponius Méla, à l'est de ce cap, indique encore les Artabres comme étant de race celtique[5]. Pareillement, selon Xiphilin, les Astures, qui habitaient au sud-est des Artabres, et les Cantabres, situés plus à l'est dans les montagnes du littoral, auraient été de race celtique[6].

Les Celtiques du littoral océanique, selon Strabon, étaient de même origine que ceux des rives de l'Anas et seraient venus dans cette région septentrionale en même temps que les Turdules[7] précédemment mentionnés, ces *Turduli veteres* dont la qualification, peu juste s'ils sont les descendants de ceux du midi, semble plutôt indiquer une migration inverse, plus en rapport avec l'origine transpyrénéenne des Celtes.

---

[1] «A Durio Lusitania incipit : Turduli veteres, Præsuri...» (Pline, l. IV, § xxxv, p. 205.)

[2] «Durius ... Turdulos a Bracaris arcens.» (Pline, *l. c.*)

[3] «... In eoque sunt Turduli veteres, Turdulorumque oppida... Totam Celtici colunt, sed a Durio.....» (Pomponius Méla, *De situ orbis*, l. III, c. 1, p. 150, Panckoucke.)

[4] «Promontorium Celticum..., Celtici cognomine Neriæ... Celtici cognomine Præsamarci...» (Pline, l. IV, § xxxiv, p. 204.)

[5] «Partem, quæ prominet, Præsamarchi habitant ... Cetera super Tamarici Neriique incolunt, in eo tractu ultimi... In ea primum Artabri sunt, etiamnum Celticæ gentis.» (Pomponius Méla, *De situ orbis*, l. III, § 1, p. 150, Panckoucke.)

[6] Αὔγουστος δὲ καὶ Ἄστυρας καὶ Κανταύρες, Κελτικὰ ἔθνη... ἐνίκησε. (Xiphilin, *Epitom. Rom. Hist.*, l. LIII, p. 71, éd. in-fol., 1592, Henricus Stephanus.)

[7] Περιοικοῦσι δ' αὐτὴν (ἄκραν) Κελτικοὶ, συγγενεῖς τῶν ἐπὶ τῷ Ἄνᾳ· καὶ γὰρ τούτους καὶ Τουρδούλους στρατεύσαντας ἐκεῖσε στασιάσαι φασὶ... (Strabon, l. III, c. iii, § 5, p. 127.)

Les documents historiques précédemment réunis sur les peuples de la péninsule hispanique antérieurs à l'arrivée des Phéniciens, des Grecs et des Romains paraissent témoigner de l'existence de plusieurs éléments ethniques :

1° Des Atlantes, venus d'Afrique, auraient très anciennement occupé la péninsule, principalement dans ses parties méridionale et occidentale.

2° Des Ibères, venus du sud-est des Gaules, auraient occupé principalement la région nord-est, c'est-à-dire le bassin de l'Èbre, le littoral méditerranéen jusqu'auprès du Xucar et la partie centrale baignée par le haut Douro, le haut Tage et le haut Anas. Connus d'abord par les navigateurs grecs et romains, leur nom aurait servi plus tard à désigner l'ensemble des peuples péninsulaires de races diverses.

3° Des Ligures auraient occupé diverses régions, principalement situées au sud-ouest sur les bords du Tartesse, et à l'est non loin du Sicanus.

4° Des Celtes, ayant franchi successivement les Pyrénées, se seraient répandus dans le nord-ouest, l'ouest, le centre et le midi de la péninsule, se mêlant, à l'ouest et au midi principalement, avec les descendants des Atlantes, au centre principalement avec les Ibères. Ce mélange des Ibères et des Celtes aurait donné naissance à divers peuples, entre autres aux Vaccéens du bassin du haut Douro, aux Bérons de la rive méridionale du haut Èbre et aux puissants Celtibères des régions baignées par le haut Tage et le haut Anas. Ces peuples, issus des Celtes et des Ibères, auraient refoulé les Ibères non celtisés au nord de l'Èbre et dans la partie inférieure du bassin de ce fleuve sur le littoral méditerranéen, depuis les Pyrénées jusqu'à Sagonte.

www.ingramcontent.com/pod-product-compliance
Ingram Content Group UK Ltd.
Pitfield, Milton Keynes, MK11 3LW, UK
UKHW020919140726
13695UKWH00006B/2606